LE

GOUVERNEMENT

ET

LES PARTIS.

EXTRAIT DE *VARIA.*

NANCY,

VAGNER, IMPRIMEUR-LIBRAIRE-ÉDITEUR,
Rue du Manége, 3.

JUIN 1861.

NANCY. — IMP. DE VAGNER, RUE DU MANÉGE, 5.

LE GOUVERNEMENT ET LES PARTIS

Faire « de l'ordre avec du désordre » est une recette qui n'a pas pris, et que nous croyons rayée pour long-temps du formulaire des préfets de police. Faire de l'ordre avec de la force est un moyen qui réussit mieux ; c'est même le seul qui ait cours et qui puisse avoir succès dans les jours de trouble et de sédition. Mais ces jours sont exceptionnels ; heureusement ils ne durent pas. Quand les barricades sont détruites ; quand l'émeute est vaincue ; quand, à la suite du calme des rues, le rassérénement s'est fait dans les esprits et dans les cœurs ; quand le pouvoir est fondé, en un mot, la force ne saurait plus suffire pour mener les peuples. Faire de l'ordre avec de la liberté est alors le plus efficace des moyens de gouvernement.

Pour élémentaire qu'elle soit, cette vérité ne frappe que de rares esprits ; il semble même qu'elle n'ait été bien comprise chez nous sous aucun des régimes qui se sont succédé depuis notre première révolution, et l'on peut à bon droit se demander si ce défaut d'intelligence n'a pas été la principale cause des chutes successives auxquelles nous avons assisté, nous et nos pères. C'est toujours l'opinion qui mène le monde : elle le mène mal quand elle est erronée. Or les esprits superficiels ont introduit dans le monde cette idée fausse, que la liberté est, par nature, destructive de l'autorité, que ces deux forces sont esséntiellement ennemies, et que l'une profite et vit de tout ce que l'autre abandonne ou perd. Le contraire est presque toujours la vérité. La liberté est en effet, humainement parlant, le plus solide appui de l'autorité, de même que l'autorité est la première sauvegarde de la liberté. C'est à brouiller ces deux sœurs que sont parvenus les pseudo-libéraux, d'accord en cela avec les pseudo-autoritaires ; c'est à les réconcilier qu'il faut tendre, et c'est à quoi, pour notre part, nous essayons de travailler. Qu'on ne s'attende donc à trouver ici, ni une attaque contre le gouvernement de notre pays, ni des épigrammes déguisées sous des dehors obséquieux. Nous aimons trop la liberté pour nous hasarder à la compromettre par des intempérances de langage que la loi ne tolère sous aucun régime, ou par des malices dont le temps est passé. Quand la discussion devient publique et régulière, il n'y a plus place, ni pour la violence, qui d'ailleurs ne fut jamais dans nos goûts; ni pour les oppositions de coin de feu, dont le seul mérite, souvent dépassé par bien des torts, est d'être la dernière ressource de cette parole humaine qui, même bâillonnée, ne se déshabitue pas d'avoir été libre. En donnant par ses décrets du 24 novembre le signal d'une mêlée à armes courtoises, d'où, à la suite de la liberté, peut sortir la paix, l'Empire n'a pas seulement prouvé qu'il sentait le besoin de mettre un terme à une situation trop tendue; il a de sa propre main désarmé les tirailleurs. Plaçons-nous donc, non en chercheurs d'aventures mais en observateurs impartiaux, non en ennemis mais en hommes libres, sur le terrain qu'on nous a fait.

Quand parurent les décrets du 24 novembre, ils rencontrèrent surtout des incrédules, des enthousiastes et des poltrons. Nous ne fûmes ni des uns ni des autres.

Les poltrons nous amusèrent. On ne pouvait s'empêcher de rire en voyant le désappointement de ces hommes qui, après avoir, depuis le 2 décembre, fait litière de toutes les libertés, de celle de la tribune notamment, recevaient du gouvernement lui-même une

leçon que, de notre part, ils n'eussent point acceptée.
De là même ils ne l'accueillirent qu'en soupirant, et
s'ils n'osèrent dire tout haut que le pouvoir venait de
trébucher, il devint évident pour tout le monde que,
chez ces admirateurs de la force pure, chez ces partisans de la compression à perpétuité, le dogme de l'in-
faillibilité impériale avait tout à coup pris fin.

Les enthousiastes formèrent la seconde catégorie :
ceux-ci eurent besoin d'être calmés. Il fallut surtout
leur dire deux choses : la première, c'est que, tout en
ayant monté d'un étage, l'édifice n'était point encore
terminé, c'est qu'il attend toujours son couronnement;
la seconde, c'est qu'au lendemain même du jour où il
l'aura reçu, notre rôle de citoyens ne sera pas fini pour
cela. Même après que chacune de nos lois sera rede-
venue libérale, il nous restera à tous quelque chose à
faire : nous devrons constamment veiller à ce qu'aucun fonctionnaire ne se mette nulle part au-dessus de
la loi, et ne la viole sous prétexte de l'appliquer. Ceci
est une œuvre éternelle; elle durera autant que le
monde, l'espèce n'étant jamais perdue de ces agents,
haut ou bas placés, qui, sous tous les régimes, se
croient tenus à faire du zèle et à se montrer plus roya-
listes que le roi.

Quant aux incrédules, c'est-à-dire quant à ceux qui
ont reçu les décrets du 24 novembre comme un cadeau

sans valeur ou sans sincérité, nous avouons ne les avoir jamais compris; et eux-mêmes ne doivent plus se comprendre depuis que les débats législatifs, reproduits par les journaux, ont subitement révélé aux Chambres l'importance qu'elles peuvent prendre et dont elles-mêmes ne se doutaient certainement pas. Les décrets, a-t-on dit, sont insignifiants. On ne le dit plus depuis la discussion de l'Adresse. Les décrets, a-t-on ajouté, ne sont pas sincères. Rien ne le prouve; mais, quand cela serait, que nous importe ? Peut-on maintenant les abroger sans un nouveau coup d'Etat ? Et les coups d'Etat sont-ils possibles en dehors de certaines circonstances exceptionnelles, qui heureusement de nos jours n'existent pas ? A-t-on jamais vu créancier besogneux refuser l'à compte qu'on lui offre, sous prétexte que celui-ci est trop faible ou n'est point désintéressé ? L'homme qui a faim ne raisonne pas : il prend d'abord et dit merci. Or, il n'y a pas de honte à reconnaître qu'en fait de liberté, nous autres Français avons été et sommes encore un peu réduits à la condition de ce pauvre diable qui a d'abord besoin de vivre, et qui provisoirement n'a pas le moyen d'être fier. Nous pouvons, même aujourd'hui, trouver que la pitance est mince; nous n'avons pas le droit de dire que, le 24 novembre, l'Empire nous a fait perdre notre journée. Cette date restera; elle marque décidément une transition entre deux états de choses dont l'un est fini. Si l'autre ne fait que commencer, c'est à nous qu'il appartient d'en hâter les phases successives. Le pouvoir peut sans doute retarder ou accélérer l'octroi de certaines libertés ; mais toutes sont en germe dans l'acte du 24 novembre, et il dépend de notre seul effort, il dépend surtout de notre sagesse, d'en assurer le plein développement. Soyons actifs et persévérants ; en même temps soyons sages, et tenons pour certain que de la sorte nous ne tarderons pas à être libres.

Il nous manque assurément bien des choses pour être libres politiquement et civilement. Aux libertés de l'ordre civil, il manque la substitution des lois répressives au système préventif qui règne encore à peu près partout ; à la liberté politique, il manque surtout la responsabilité ministérielle et la pleine sincérité des élections. Mais on peut être assuré que la liberté de la tribune et la simple publicité des comptes rendus législatifs amèneront tout cela avec le temps.

Déjà le langage imagé de l'honorable marquis de Pierre a fait accepter par le pays certaines vérités qui, l'an dernier, auraient produit scandale et exposé au rappel à l'ordre M. de la Palisse lui-même. Tous les citoyens qui, comme nous, ont repris inopinément l'usage de lire quelquefois le *Moniteur*, ont sans doute

été frappés de cette circonstance que pas un des sénateurs ou députés qui, dans l'exercice de la liberté rendue à la parole, ont trouvé quelque chose à reprendre
dans nos affaires du dedans ou du dehors, ne s'est cru
dispensé de protester d'abord de son plein et entier
dévoûment à l'Empire. Qui en doutait; et qu'est-ce à
dire? Quelle nécessité y avait-il donc à ce que chacun
de ces honorables membres s'en vînt, comme à tour
de rôle, répéter la même phrase, et affirmer, la main
sur le cœur, qu'après s'être, le 23 novembre au soir,
paisiblement endormi sur l'oreiller de la satisfaction et
du silence, il ne s'était pas le 24, à la nouvelle du bienfait, réveillé mécontent et factieux? La crainte de laisser l'assistance soupçonner ou se souvenir qu'en des
jours de faiblesse lointaine, on avait pu, comme tant
d'autres, faire de l'opposition et appartenir à l'un,
peut-être à deux ou trois des anciens partis, a sans
doute été pour quelque chose dans cet abus des pré-
cautions oratoires. Mais cette crainte, à elle seule,
n'aurait point suffi pour motiver de si solennelles re-
dites; il faut en chercher l'explication ailleurs et plus
haut. Il faut se dire que, sommés tout à coup par la
volonté impériale de discuter des projets ou des actes
que jusque-là ils avaient été surtout appelés à approu-
ver, les grands corps de l'Etat ont vite senti la difficulté
de leur position nouvelle. Il a suffi de la première

heure de publicité rendue à leurs débats pour les convaincre que les décrets du 24 novembre sont incomplets, et qu'en attendant d'autres réformes la responsabilité ministérielle doit être une de leurs premières conséquences. Quelque considération qu'on puisse avoir pour MM. Baroche ou Billault, munis ou non de portefeuilles, tenons pour certain que ni sénateurs ni députés ne se fussent crus tenus à tant de circonlocutions et de réserves s'ils n'avaient eu en face d'eux que des Excellences responsables. Mais quand, en présence du pays qui écoute, il s'agit de dire tout haut des vérités à la Couronne, la chose devient plus délicate; et cette considération que c'est l'Empereur lui-même qui invite tout le monde à parler, ne suffit point pour mettre les discoureurs à l'aise. On sent, dès les premiers pas, que le terrain brûle; et, plutôt que s'exposer à passer pour factieux, on se résigne à de surabondantes protestations de dévoûment.

Ce que nous disons ici de la tribune, il faut également le dire de la presse. En nous retraçant, à son point de vue, l'histoire de l'établissement hanovrien en Angleterre, M. de Persigny nous a déclaré, il est vrai, qu'à la condition de respecter l'Empereur et le suffrage universel, les écrivains seraient laissés libres de critiquer, sous son ministère, les actes de l'administration. Nonobstant cette assurance, et alors même qu'il pourrait plaire à **M.** le Ministre d'accorder, pour faire un journal, à tous ceux auxquels il la refuse, l'autorisation dont on était exempt autrefois et dont nous pouvons heureusement continuer à nous passer pour faire un livre, les écrivains de la presse périodique ne cesseraient pas pour cela d'éprouver, en tenant la plume, de ces émotions et de ces scrupules qui nuisent plus encore à la vérité qu'à l'éloquence. Comment, en effet, trouver dans le bon plaisir ministériel, si large qu'on le suppose, ces garanties d'indépendance que jadis nous trouvions tous dans la loi ? Comment d'ailleurs s'habituer tout de suite à écrire simplement, sans emportement, sans fiel, mais aussi sans circonlocution, que tel abus vient de se produire, que tel fonctionnaire fait fausse route, quand on a vécu dix ans sous l'empire de cette idée, partout répandue, que signaler un abus, que critiquer un fonctionnaire, c'était attaquer l'Empire. Idée fausse assurément, mais surtout idée téméraire, car elle tend à rendre le chef de l'Etat responsable des fautes, petites ou grandes, de tous ses agents, c'est-à-dire qu'elle rendrait à bref délai tout gouvernement impossible. Pour combattre une si funeste doctrine, que les organes officieux du pouvoir ont eu le tort d'accréditer eux-mêmes à une époque où l'on n'en avait point entrevu les dangers, une loi nouvelle n'est pas de trop. Celle qui a remis entre les mains des préfets l'honneur et la vie de la presse périodique dure encore : adouci en fait, le régime reste le même en droit, et, sous ce rapport comme sous celui de la responsabilité ministérielle, les décrets du 24 novembre attendent leur indispensable complément.

Avec des ministres responsables, avec une presse libre, nous aurons vite des élections indépendantes. Sans prétendre qu'aucune législation puisse en ce genre remédier à toute espèce d'abus, on ne verrait plus du moins de ces pressions exagérées, en quelque sorte irrésistibles pour qui n'a point un cœur de héros, qui, en rendant une lutte sérieuse impossible, vicient jusque dans sa source le principe même du gouvernement. Quand la presse puisera dans la loi elle-même la faculté de dénoncer les actes d'une administration qu'on doit assurément féliciter de s'être enfin détendue de ses rigueurs, mais qui reste investie du droit de vie et de mort sur tous les journaux ; quand un ministre aura personnellement à répondre devant les chambres des faits et gestes de tous ses agents depuis le préfet jusqu'au garde champêtre, il restera peut-être quelques gardes champêtres assez peu éduqués pour dire et quelques électeurs assez simples pour croire qu'il y aura délit à voter librement ; il ne restera plus du moins de préfets assez audacieux pour présenter comme ennemis de l'Empereur certains candidats qui sont seulement ennemis du servilisme, et dont l'unique tort est d'avoir, en gardant leur franc parler et leur franc agir, perdu les bonnes grâces de l'administration.

Sous une forme ou sous une autre, tous les gouvernements ont eu leurs candidats, et nous trouvons parfaitement légitime qu'ils usent, pour les faire réussir, de l'influence commune à tous : ce que nous combattons, c'est l'abus. Ce que nous trouvons excessif, c'est l'obligation qu'on voudrait imposer à tout fonctionnaire de voter et de faire voter tous ceux sur lesquels il a de l'influence en faveur du candidat désigné par la préfecture, quand même l'adversaire de celui-ci n'est point, comme cela s'est vu, hostile au gouvernement. Ce qui est fâcheux, c'est ce spectacle qu'on donne au peuple, d'un honnête homme dont on exige, dont on reçoit d'avance le serment de fidélité (1), et qu'en même temps on dénonce comme un ennemi dangereux. On pourrait, en bonne morale, renoncer à la fois

(1) On sait qu'aux termes d'un Sénatus-Consulte en date du 17 février 1858, les candidats au mandat de député doivent, huit jours au moins avant l'ouverture du scrutin, déposer à la préfecture un écrit signé, contenant ces mots : « *Je jure obéissance à la Constitution et fidélité à l'Empereur.* »

à la dénonciation et au serment préalable : si on garde l'un, qu'on supprime au moins l'autre.

Dira-t-on que nous allons trop vite? que nous sommes des gens insatiables, jamais contents de ce qu'on nous accorde, toujours prompts à réclamer davantage? On aurait tort. Nous avons, comme bien d'autres, appris à nos dépens que les réformes les plus radicales et les plus promptes ne sont pas toujours les plus durables, et que, pour bien faire, il faut le temps. Mais si, parvenus à la maturité de l'âge, nous avons le temps en grande estime, nous ne méprisons pas non plus la logique. Or, la logique qui, d'ordinaire, suit dans l'opinion des peuples les mêmes phases que la liberté, honorée quand la liberté règne, tournée en dérision et mise au rebut quand la liberté est absente, la logique, disons-nous, qui ne suffit point pour empêcher qu'on applique au gouvernement des peuples un système erroné, mais complet, ne permet pas qu'on laisse subsister longtemps des incohérences de la nature de celles que les décrets du 24 novembre ont, en attendant leurs appendices, introduites dans notre législation politique. Tant qu'une porte est fermée, elle peut rester telle : entrebâillée et tenue en suspens par les efforts de ceux qui d'un côté poussent, tandis que de l'autre on résiste, il faut tôt ou tard qu'elle se referme ou qu'elle s'ouvre au large. La prudence peut, en certains cas, ordonner de fermer la porte; d'ordinaire, elle conseille d'ouvrir, pourvu qu'on y aille sans secousse et progressivement.

Malgré la justesse habituelle de ses vues, Montesquieu n'est pas dans le vrai, lorsque, distinguant trois espèces de gouvernement, il les énumère sous les titres de *républicain*, de *monarchique* et de *despotique*. La monarchie et la république sont deux formes, sous lesquelles le despotisme peut également régner. Il y a maintes formes de gouvernement; il n'y a en réalité, et à travers mille degrés ou nuances, il ne peut y avoir de gouvernement que de deux espèces : le gouvernement absolu et le gouvernement libéral; ou, si l'on aime mieux, le gouvernement du pays par un maître élu ou non, unique ou collectif, qui, résumant en lui tous les pouvoirs, confisque à son profit toutes les libertés de l'individu ; et le gouvernement qui garantit à tous les citoyens les libertés publiques et particulières. Entre la monarchie absolue de Louis XIV et la république des Etats-Unis, il y a assurément bien des régimes intermédiaires sous lesquels une nation peut vivre grande et heureuse; mais tous se rapportent plus ou moins à l'un ou à l'autre de ces deux types. S'il est faux de prétendre que l'hérédité du trône mène forcément au despotisme, il ne l'est pas moins de soutenir que le gouvernement d'un pays soit libéral, par cela

seul qu'il serait originairement issu du suffrage universel. Personne en France ne songe aujourd'hui à attaquer cette base première des institutions impériales ;
mais l'Empereur lui-même admet qu'on puisse dire
désormais à son gouvernement, qui s'accoutumera à
les entendre, certaines vérités utiles, et, qu'en même
temps on apprenne aux Français ce qui leur manque
pour obtenir, l'une après l'autre, toutes les libertés
qu'ils n'ont pas, et que plusieurs d'entre eux commen-
cent, paraît-il, à regretter.

M. de Persigny assure que, pour avoir ces libertés,
il nous suffira de les mériter par notre soumission à la
dynastie. C'est, dit-on, aux « anciens partis » qu'il faut
s'en prendre du retard qu'on met à accomplir nos
souhaits.

Les « anciens partis » n'échappent point à la condition de l'humanité : comme les hommes, ils vieillissent
et meurent tous les jours. Mais ils ne meurent que de
mort naturelle ; les vouloir tuer par violence, aboutit
immanquablement à les ressusciter.

Tout gouvernement a sans doute le droit d'exiger
qu'on le respecte ; mais l'admiration et l'amour sont
deux sentiments qui ne se commandent pas : c'est en
voulant les imposer qu'on les empêche le plus souvent
de se produire. On nous accordera, nous l'espérons,
que, depuis le 2 décembre, la majorité des Français a

donné l'exemple d'une soumission peu commune dans
notre histoire ; et si, parmi nous, quelques hommes
sont restés paisiblement fidèles au culte des souvenirs,
souvenirs pour les uns de princes exilés, pour d'autres
de la liberté absente, s'ils ont cru devoir se tenir à
une égale distance de l'enthousiasme et de la rébellion,
M. de Persigny lui-même a paru comprendre leurs
vrais sentiments : en un jour de loyauté, qui fut aussi
un jour de bonne politique, il a rendu hommage à
leur retraite et enjoint qu'on les respectât. Cette parole est d'un bon exemple : dite plus tôt et mieux
obéie, elle aurait produit son effet.

Pourquoi faut-il que, sous tous les régimes, les ministres aient des organes et des serviteurs maladroits ?
Il semble vraiment que, non contentes de chercher
partout des ennemis du gouvernement, les feuilles
officieuses mettent leurs soins à en créer, bien secon-
dées en cela par certains fonctionnaires dont on dirait
que les uns par excès de tempérament, les autres
par défaut de vues, prennent à tâche de créer des em-
barras au pouvoir qu'ils croient servir. Négligeons les
faits isolés qui, réunis des divers points de la France,
ne laisseraient pas que de former un sérieux groupe
de preuves à l'appui de ce que nous disons : de tous
ces faits, n'en citons qu'un, qui, s'il n'est déjà plus le
dernier, reste encore le plus considérable.

Celui des princes du sang qui marche immédiatement
à la suite de l'héritier présomptif du trône, prononce,
devant le premier corps de l'Etat, un discours qui, à
travers des appréciations plus ou moins risquées sur
les événements dont l'Italie continue à être le théâtre,
est un vrai programme de politique gouvernementale.
Question de Rome à part, sur laquelle on est divisé,
l'orateur articule des mots qui ne froissent pas seulement, comme on l'a dit à tort, les partisans des vieilles
monarchies, les derniers tenants du droit divin : ils
donnent à réfléchir aux démocrates eux-mêmes, à
ceux du moins d'entre eux qui, ne confondant pas
deux choses parfaitement distinctes, la démocratie et
la démagogie, n'admettent pas que le peuple soit toujours infaillible dans ses décisions. Si le prince Napoléon croit à cette infaillibilité-là, libre à lui de la proclamer en plein sénat (1) : nous n'avons point de ces
pruderies qui refusent aux personnages haut placés
le droit d'avoir une opinion et de la dire.

Nous ne songeons pas non plus à rouvrir ici un dé-
bat épuisé et à demander au gouvernement par quelle
étrange série de malentendus il a pu se faire que, hau-

(1) « Il y a une chose qui domine, c'est la volonté d'un peuple,
qui ne se fausse pas ». (Discours du prince Napoléon au sénat:
Moniteur du 2 mars 1861.)

tement loué tout d'abord, tant pour le *fond* que pour la *forme*, dans certains salons officiels, puis recommandé par le télégraphe à l'admiration de tous les préfets, puis extraordinairement affiché dans la plupart des communes de l'Empire, le discours du prince Napoléon ait fini par être, sept semaines plus tard, désavoué devant le sénat par M. le ministre Billault (1). Notre seule intention est de faire observer qu'il n'est point surprenant qu'à la suite de l'accueil favorable primitivement fait en hauts lieux aux paroles du cousin de l'Empereur, un certain mouvement d'opinion non point factieuse, mais conservatrice, se soit immédiatement produit, et que le frisson ait couru jusque dans les rangs des amis les plus dévoués du pouvoir, se demandant avec inquiétude si, comme le bruit s'en

---

(1) C'est à la séance du 1er mars que le prince Napoléon a exposé sa politique.

Le 12 du même mois, sous le frivole prétexte qu'il ne pouvait, devant le corps législatif, parler d'un discours prononcé dans une autre enceinte et donner des explications et des détails qu'on ne lui demandait pas, M. Baroche a poussé le scrupule jusqu'à refuser de dire si le gouvernement acceptait, *oui* ou *non*, le programme du prince.

C'est seulement le 24 avril, qu'à propos d'une pétition soumise au sénat, M. Billault s'est enfin décidé à déclarer que le discours du 1er mars « n'exprimait pas la pensée du gouvernement ». (*Moniteur* du 25 avril.)

était répandu dès avant la harangue du prince, le gouvernement allait par hasard virer de bord et donner la
main au parti extrême que, depuis dix ans, il a le plus
énergiquement combattu.

Nous sentons que nous sommes ici sur un terrain
glissant : mais, que nos lecteurs se rassurent, nous y
marchons à l'aise, et ne craignons point qu'on nous
surprenne risquant une chute ou un simple faux pas.
Couverts par ces garanties que nous a, en un jour de
permission, données M. le Ministre de l'Intérieur, et
plus encore par nos propres sentiments, qui nous assu-
rent que notre langage restera constitutionnel tout en
étant libre, nous ne dirons rien que des vérités qu'on
puisse entendre ; nous les dirons avec tout le calme et la
réserve que le sujet comporte, non en ennemis, mais
en conseillers loyaux.

L'Empire est né de deux circonstances : le prestige
d'un grand nom, et la crainte, vaine ou fondée, d'un
grand cataclysme. Le nom de Napoléon, restaurateur
une première fois de l'ordre en France, devait grouper
et il groupa tous les hommes qui crurent qu'une nouvelle révolution, plus terrible que les précédentes, allait passer à travers les divisions de ce parti qu'on ap-
pelait alors le grand parti de l'ordre. Grand parti en
effet, s'il eut été uni : parti faible parce qu'il fut divisé.
Ce n'est point ici le lieu de rechercher s'il ne le fut

que par ses propres fautes; le fait est qu'il commit des fautes que peuvent avouer ceux qui, comme nous, rendent hommage à sa mémoire et se souviennent avec une reconnaissance trop peu partagée des services qu'il a rendus. Sa plus grande faute fut sa division même. Et cette division fut l'effet non seulement de suspicions exagérées contre le gouvernement d'alors, mais de certains entrainements trop prompts à vouloir se partager ses dépouilles.

La crainte du pire avait, après le 24 février, suffi pour rattacher au gouvernement d'alors bien des Français qui n'étaient pas républicains de la veille; l'espoir du mieux fit trop ardemment désirer à plusieurs d'entre eux d'en finir avec des institutions qu'on avait moins acceptées que subies. Ce désir empêcha les opinions particulières de l'époque de prendre suffisamment au sérieux, lorsqu'elles rentraient chez elles, certains programmes donnés en public, et notamment de suivre le conseil d'un des chefs les plus accrédités de la majorité législative, invitant ses collègues à s'en tenir de bonne grâce à la république, comme étant de tous les gouvernements celui qui alors *nous divisait le moins*. C'était là une sage parole : il est bon de la méditer même aux époques où il ne peut venir à la pensée de personne de la redire. Si la république fut en effet, de son vivant, le terrain qui nous rapprochait le plus, il n'en est plus de même depuis sa mort, et ceci nous sera accordé même par les républicains de bonne foi, qui, éparpillés sur le sol de la France, survivent aujourd'hui à la chute de leur gouvernement préféré. Le précepte n'en reste pas moins plein d'à-propos : c'est de tout temps que les Français devraient bien s'enquérir, pour s'attacher à elle, de l'idée « qui les divise le moins. »

Chaque époque a la sienne. La nôtre en a deux, qui sont : d'un côté, cette idée dominante de la conservation sociale, qui a fait et qui soutient l'Empire ; de l'autre, tout cet ensemble de passions mauvaises, qui, bien que contenues, n'ont pas besoin, pour rester menaçantes, qu'on leur donne des gages et des aliments. Il faut aller franchement à l'une ou à l'autre de ces deux forces ; elles ont chacune leur aristocratie, leur bourgeoisie, leur prolétariat. Or, ce qui inquiète les amis de l'ordre, ce qui double l'audace de leurs adversaires, c'est que, depuis le fameux discours du prince, on a pu recueillir de certaines bouches d'où on ne les attendait pas, des mots qui autrefois semblaient l'apanage des lieux suspects et des hommes compromis. Dire par exemple qu'il faut désormais s'appuyer sur les blouses, n'a en soi rien d'effrayant, puisque la blouse est le costume habituel des honnêtes et paisibles habitants de nos campagnes qui ont fait l'Empire ;

mais ce propos cesse d'être innocent dès qu'on l'accompagne de mots aigres contre les aristocrates boudeurs ou contre les incorrigibles bourgeois. C'est ici que le danger commence; et, puisque le gouvernement nous déclare que décidément la politique du prince Napoléon n'est point la sienne, il nous aidera sans doute lui-même à calmer ceux de ses imprudents amis qui ont conservé le langage des jours où l'on a pu croire que ce discours répondait vraiment à la pensée du chef de l'État, qu'il était le programme d'une nouvelle politique. Parmi ceux-là mêmes que la perspective d'un changement de front inquiétait, nous en avons entendu plusieurs qui cherchaient de bonne foi à l'expliquer. Il faut bien, disaient-ils, s'appuyer sur quelque chose : or, le faubourg Saint-Germain restant à l'écart, et la Chaussée d'Antin s'éloignant, le temps est venu sans doute de chercher au sein des classes populaires, en vue notamment des élections futures, l'appoint qu'on renonce désormais à trouver de ces deux côtés-là. A ne considérer que les chiffres, le calcul peut être bon. Si les grands industriels sont pour la plupart mécontents; si le petit commerce lui-même souffre de la transition d'un régime douanier à un autre, l'homme qui vit de son salaire attend avec une reconnaissance anticipée les douceurs de cette vie à bon marché qu'on lui promet comme conséquence des traités de commerce. Et, quant à la question Romaine, si elle a momentanément aliéné le clergé, les ouvriers de Paris, nous disait dernièrement un observateur judicieux qui les connaît bien, ne sont jamais si contents que lorsque l'Empereur « leur fait mine de vexer le Pape. » La politique du prince Napoléon ne manque donc ni d'approbateurs ni d'appuis : l'*Opinion nationale* est là d'ailleurs pour le dire.

Mais s'il y a, de ce côté, une puissance de chiffres ou de bras que nul ne saurait méconnaître, un gouvernement sage doit savoir qu'on ne s'appuie point solidement sur ce genre d'étai. L'histoire nous apprend, en effet, qu'à lui seul, le peuple de Paris a détruit tout juste autant de gouvernements que nous en avons fondé. Aux élections, les votes se comptent : hors de là, les influences se pèsent. Observateurs impartiaux non moins que sujets soumis de ce suffrage universel, que dans son propre intérêt nous voudrions seulement voir mieux régler, nous ne songeons point à demander que le prolétariat parisien soit exclu de sa part de droits ; nous nous bornons à dire qu'il serait puéril de compter sur lui pour gouverner, qu'il serait dangereux surtout de sacrifier au désir de sa faveur quelques-unes de ces influences, nées de l'esprit, qui ne contribuent pas toujours à la fondation des nouveaux pouvoirs, mais qui sont indispensables pour les faire durer. N'oublions pas qu'on peut diminuer ses forces tout en augmentant son armée.

La vraie force du pouvoir actuel n'est point dans les rangs où d'imprudents conseillers l'engagent à l'aller quérir (1). Faux libéraux pour la plupart, retraités aujourd'hui dans la presse ou ailleurs, ces gens-là semblent n'avoir gardé des souvenirs de leurs vieilles campagnes, que la haine de la liberté. Quant à l'égalité, ils la créent en supprimant d'un trait de

---

(1) Parmi les brochures qui, publiées à la librairie Dentu ou ailleurs, circulent librement en réponse à une lettre princière que, par jugement, nous avons perdu le droit de citer, il en est une qui s'intitule : « *la Vraie.* » Elle vient, aujourd'hui même, de nous tomber sous la main. On ne se contente pas d'y dire que l'Empire doit opposer « à la coalition des anciens partis, la coalition des hommes de progrès ; » (soit !) et que « les *masses* ont besoin de trouver un défenseur dans le pouvoir central. » (contre qui ?) On ajoute étourdiment : « L'Empereur Napoléon III ne peut avoir de point d'appui assuré *que* dans les masses. »

Ce *que* est de trop ; il est à la fois inconstitutionnel et imprudent : inconstitutionnel, en ce que la Constitution n'interdit à personne, pas même aux aristocrates et aux bourgeois, de soutenir l'Empereur ; imprudent, en ce que, pris au sérieux, il tendrait à priver l'Empire de certains appuis dont tous les gouvernements, même les plus forts, ont besoin.

Libre aux familiers du prince Napoléon de croire qu'on peut se passer de cela. Libre à nous d'être effrayés du jour où leur politique prévaudrait, et d'engager l'Empereur à continuer de suivre d'autres conseils que ceux des amis de son cousin.

plume toutes les supériorités, y comprise celle de l'intelligence. Qu'ils soient censés écrire pour César ou qu'ils parlent au nom du peuple, ils n'imaginent rien de plus touchant qu'un peuple qui, satisfait d'avoir fait César, remet tout entre ses mains, et, la chose faite, s'endort tranquille sans devoirs et sans droits.

L'Empereur heureusement n'entend pas que les choses se passent ainsi : ses derniers décrets en sont la preuve. Usons donc des droits qu'on nous laisse pour dire à tous ce que, dans les circonstances actuelles, nous croyons être le devoir de chacun.

Ce serait vouloir le renversement des lois sur lesquelles les sociétés reposent que de prétendre afficher, sous un gouvernement qui existe, des préférences pour l'un quelconque des gouvernements qui ne sont plus. Cette liberté là serait séditieuse ; c'est une de celles que nous ne réclamerons jamais. La Restauration ou le gouvernement de Juillet n'eussent point souffert que, de leur temps, on fît des vœux publics pour le rétablissement de l'Empire. Le nouvel Empire est dans son droit, ajoutons qu'il est dans son rôle en ne tolérant pas davantage que, sous lui, on parle de revenir soit à la république, soit aux Bourbons de l'une ou l'autre branche. Nul ne peut aujourd'hui, et c'est juste, se proclamer légitimiste, orléaniste ou républicain. Mais il n'est pas défendu sans doute de se dire libéral sous une Constitution qui déclare elle-même prendre pour base les principes de 1789. Eh bien, pour libéraux, nous le sommes : nous sommes même ce parti là, dont nous réclamons hautement le nom, si compromis qu'il ait pu être à d'autres époques, si mal porté qu'il reste de nos jours par un grand nombre de ceux qui l'usurpent.

Nous ne suivons, qu'on se le tienne pour dit, les inspirations d'aucun autre parti, quel qu'il soit. C'est sur le terrain de la liberté, de la liberté réglée, pure d'excès, bien définie et enfin comprise, que nous supplions les Français de se rapprocher et de se tendre cordialement la main.

Si autour de nous il est des hommes qui, nous soutenant de leurs sympathies, conservent pour quelqu'un des régimes déchus des sentiments de préférence ou de regret, sentiments auxquels, dans le silence du cœur ou des conversations intimes, chacun de nous garde en tout temps l'imprescriptible droit de s'associer, ce n'est pas seulement par nécessité, c'est par devoir autant que par goût, qu'à l'heure où nous tenons la plume, où nous paraissons en public, nous savons nous désintéresser de tout cela. Au-dessus des questions de dynastie, il y a pour nous la conservation sociale ; au-dessus des affections, il y a le devoir. Or le devoir nous dit que la France souffre de ses divisions intestines ; il nous commande d'y remédier dans la limite où le peut notre effort.

Si heureuses qu'aient été ses chances, si visible que soit son étoile, l'Empire n'échappe point aux conditions communes à tous les pouvoirs, et dont la plus dangereuse et la plus triste est d'être environné de flatteurs. Constamment à genoux devant l'idole, ceux-ci ne se relèvent par moment que pour insulter les hommes qui, autour d'eux, restent debout, y compris ceux qui, sans être animés de sentiments hostiles, ne vont point pourtant jusqu'à consentir à se rouler avec eux dans la poussière et à adorer. Ce qui leur faut, c'est le culte. Même quand le maître permet l'indépendance, ils ne la tolèrent pas plus chez les autres qu'ils ne la comprennent pour eux-mêmes. Le tort du maître n'est point d'avoir des flatteurs : c'est le malheur de son état, qu'il s'appelle Louis XIV ou Danton. Le secret est de savoir les contenir, et au besoin les humilier.

Il n'est point étonnant que, passagèrement privée pour avoir abusé d'elles, de certaines libertés qui purifient l'air, nettoient le sol, et mettent les âmes serviles hors d'état de nuire quand elles ne suffisent pas à les redresser, la France actuelle en soit venue à entendre rarement la vérité et à chercher combien il lui reste, surtout à Paris, dans la presse périodique, d'écrivains indépendants. Le peu d'entre eux qui, sous le régime des avertissements et des suppressions, ont pu continuer à vivre, sont comme noyés dans la foule de ces journalistes officieux, petits *Moniteurs* auxquels, tant ils sont excessifs, le gouvernement s'est vu dans le cas de faire dire lui-même par le grand, qu'il n'a rien de commun avec eux. On serait, il est vrai, dispensé de les désavouer quelques fois, si presque toujours on ne les aidait à vivre. *Introuvables* sous la Restauration, *Mamelucks* sous l'Empire, ce sont toujours les incorrigibles *ultras* : c'est bien à eux que songeait l'Empereur le jour où, à la suite d'une élection trop influencée, il a dit ce mot charmant : « Messieurs, débarrassez-moi de mes amis ; je me charge de mes ennemis. »

Ecoutez, sous tous les régimes, les fâcheux dont nous parlons. Tantôt ils nous chantent les gloires du Prince qui, comme Jéhovah, a réduit ses ennemis à lui servir de marchepied. Tantôt ils crient à nous assourdir que la France est pleine de partis hostiles. La vérité est presque toujours entre deux ; et, puisqu'il s'agit de constater un fait, disons qu'elle est actuellement plus près de la première de ces deux exagérations que de la seconde.

La vérité est que l'Empire est fort. Ce qui n'est pas

moins certain, c'est que, sous l'Empire, il reste des partis; mais il n'en reste qu'un seul qui soit vraiment organisé et puissant. On nous permettra bien de dire quel il est, puisque ce parti n'est point le nôtre, puisque nous ne signalons son existence et sa force que pour engager tout le monde à s'unir afin de triompher de lui. Ce parti n'a rien de politique; il est social, nous voulons dire anti-social, car il a en égal mépris la liberté de l'homme, sa dignité et sa conscience : c'est celui que l'Empereur a désarmé sans pouvoir jusqu'à présent le réduire; c'est celui qu'avant le 2 décembre, n'avait cessé de tenir en échec la majorité conservatrice de nos deux assemblées. Ce fut franchement qu'au début de la république, cette majorité chercha dans la liberté de tous une force gouvernementale qui réellement était là et qu'on y eût trouvée sans la division des partis. Plus tard, cette division porta la France à chercher le remède ailleurs; elle le demanda au pouvoir d'un seul. A-t-elle eu tort ? Lors même que nous aurions le droit de le dire, l'idée ne nous en viendrait pas. Les hommes de principes sont fidèles; mais ils ne mettent point leur honneur à vouloir supprimer les faits en les niant; ils savent faire la part des circonstances, et permettent aux nations de croire à l'utilité de certains remèdes héroïques, dans des cas où eux-mêmes ne les auraient pas conseillés.

Répétons-le : l'Empire est fort, fort de cette adhésion spontanée que, pour combattre les barbares devenus menaçants, lui ont donné les instincts vraiment conservateurs du peuple. L'instinct parle pour aujourd'hui et ne stipule pas pour demain. Si momentanément la force a pu suffire pour dompter les passions socialistes, le jour est venu de comprendre qu'on ne triomphera définitivement d'elles que par la liberté. L'omœopathie n'a pas encore, que nous sachions, fait ses preuves en politique : sur ce terrain, c'est par les contraires qu'on guérit. Or, il est temps d'en finir avec cette idée fausse que le socialisme est un fruit de la liberté, qu'il en est l'excès. Non : il en est l'antipode. Le socialisme est la plus haute négation de la liberté de l'homme, puisqu'il est la plus insolente personnification du Dieu-Etat. Pour avoir raison de cette divinité païenne, ce n'est pas trop qu'une saine morale appelle à son aide une sérieuse liberté.

Puisque nous y sommes, passons brièvement et constitutionnellement en revue chacun de ces autres partis que, dans ses jours de dépit, succédant, on ne sait pourquoi, aux jours de confiance et d'enthousiasme, la presse officieuse nous représente comme menaçants. Ils sont trois. En est-il un seul dont on puisse dire qu'il conspire ? Et, s'ils ne conspirent ni l'un ni l'autre, le plus sage parti à prendre ne serait-il pas de s'occuper un peu moins d'eux?

Des deux grandes fractions de l'opinion royaliste, l'une se tient à l'écart, et c'est même de cette abstention que résulte le reproche le plus habituel qu'on lui fait. On lui dit, et on n'a pas tort, qu'elle perd journellement dans la retraite une influence qui pourrait être utile au pays : elle le sent, elle en souffre, mais elle se souvient de ces scrupules qui, après la chute du premier Empire, ont illustré Drouot, et fait de son nom le symbole de la fidélité et de l'honneur. L'honneur a des susceptibilités qu'on peut parfois trouver excessives; il a des désintéressements qu'on doit respecter toujours.

L'autre parti monarchique, à l'exception de ceux de ses membres qui ont appartenu à l'assemblée violemment dissoute au 2 décembre, de ceux aussi qui eurent, avant cette date, des rapports personnels avec les princes de la famille exilée, n'avait point, pour s'abstenir en masse, de ces raisons de conscience qui tiennent à la manière d'envisager le principe même du gouvernement. Subordonnant l'hérédité du trône à la volonté nationale, les partisans de la branche cadette pouvaient, mieux que ceux de la branche aînée, accepter le vote qui a fait l'Empire, et tout porte à croire que, sans quelques mesures qui ont particulièrement froissé le sentiment libéral, l'or-léanisme serait aujourd'hui , de tous les partis, le plus fondu et le moins vivant. C'est cependant celui que gourmandent avec le plus d'acharnement ces folliculaires dont nous combattons les entraîne-ments funestes à la cause qu'ils prétendent servir ; c'est celui qui, suivant eux, menacerait aujourd'hui le gouvernement de plus près. Ils ont même dit que ce parti venait, sous prétexte d'histoire de France, de publier son manifeste. Nul n'a droit d'interpréter un écrit qu'un jugement condamne (1) : laissons l'écrit, mais demandons nous si la première témérité ne vient pas de l'orateur qui, par ses imprudences de langage, a donné à la lettre de l'écrivain un retentissement si imprévu ?

Reste le parti républicain, qui a autant de droit que les deux autres à n'être point confondu avec ce parti socialiste, que nous avons dit être, lui, toujours orga-nisé et menaçant. Quels risques les républicains de nos jours font-ils courir à la dynastie ? Aucun. Il serait vraiment excessif de vouloir leur imposer l'abdication d'un principe théorique dont ils gardent le culte à huis-clos ; il est maladroit de s'exposer à réveiller, en les irritant, quelques amis épars, restés honorablement

____

(1) *Lettre sur l'histoire de France,* par le duc d'Aumale.

fidèles à la mémoire d'Armand Carrel ou du général Cavaignac. Le gouvernement a tout intérêt à ce qu'on laisse tranquilles dans leur retraite ceux d'entre eux qui se résignent, et qui refusent seulement le service.

Le gouvernement a intérêt surtout à rechercher, pour se l'approprier, quel est le levier sur lequel les différents partis pourraient s'appuyer, pour, à un jour donné, agir de concert. On aura beau chercher, on n'en trouvera qu'un : ce levier, c'est la liberté.

Que pourrait sans elle, nous le demandons à tous, que pourrait sans elle l'un quelconque des trois partis que nous venons d'énumérer, à commencer par le dernier ?

Nous ne savons si un avenir lointain réserve à la France quelque nouvelle épreuve du gouvernement républicain ; mais tout homme de bonne foi, fût-il de ceux qui, ayant gardé intacte et pure la théorie de cette forme gouvernementale, lui ont voué leurs préférences, nous accordera sinon sans regret du moins sans contestation, que les souvenirs de nos deux républiques ne sont point chez nous restés populaires. La première a fait mal, la seconde a fait peur ; une troisième, si elle pouvait revenir par coup de surprise ou autrement, ne durerait que dans le cas où, sous elle, de sérieuses garanties seraient données non pas seulement à la tranquillité de tous, mais à la liberté de chacun. Ceux de nos pères ou de nos contemporains qui ont soutenu que liberté et république ne font qu'un, se sont assurément trompés : ce sont là deux choses distinctes et seulement conciliables. Toujours est-il que la confusion a été faite trop souvent pour qu'il n'en soit pas, même de nos jours, resté quelque chose en certains esprits. On ne peut nier d'ailleurs que, considérée abstractivement et en dehors des circonstances de temps ou de lieu qui en rendent souvent l'application périlleuse, la forme républicaine n'ait de quoi flatter les esprits libéraux. Faible par les traditions historiques, la république n'a donc gardé chez nous quelque force que par les attaches qu'on lui prête ou par celles qu'elle a réellement avec la liberté.

Le parti orléaniste, lui, n'ignore pas que tous ses anciens soldats ne lui sont point demeurés fidèles. Originairement formé de toutes les oppositions qu'avaient, sous la Restauration, suscitées des fautes maintenant avouées par les amis eux-mêmes du gouvernement d'alors, — oppositions qui d'ailleurs avaient leur source dans des ombrages ou des antipathies à peu près insurmontables, — ce parti a perdu d'abord ceux chez qui les événements de Février ont amoindri la confiance dans la puissante mais non infaillible vertu des institutions libérales ; ceux aussi qui, dans la révolution de Juillet, avaient moins trouvé le triomphe d'un principe que la satisfaction de griefs personnels ; ceux enfin que la chute de leur gouvernement préféré a loyalement rapprochés d'anciens adversaires. Contrairement à la république, l'orléanisme vit surtout d'un souvenir. Quel est-il ? C'est sans doute le souvenir d'un trône entouré de jeunes princes brillants et courageux, aimés d'une armée dont ils avaient, en Afrique, partagé les dangers et les gloires. Mais c'est surtout le souvenir de ces dix-huit années de règne, pendant lesquelles, à l'exception d'une seule, toutes les libertés avaient grandi. La vraie force du parti orléaniste est là : elle est même dans ce drapeau aux trois couleurs, qu'arbora la monarchie de 1830, drapeau qui, constamment déployé depuis sous la République et sous l'Empire, couvre encore de sa popularité les hommes qui l'ont repris les premiers.

Quant au parti légitimiste, celui-là sans doute est resté fort de son principe. Mais le principe lui-même a-t-il gardé toute son antique puissance ? N'a-t-il pas fallu l'accommoder aux nécessités de l'époque, à l'esprit du temps, et, pour le sauver, le faire descendre de ces hauteurs métaphysiques où il se perdait autrefois ? N'est-il pas vrai que la théorie excessive du droit divin, dont n'ont pas abusé seulement les ennemis qui avaient intérêt à la détruire, n'est plus aujourd'hui soutenue dans sa plénitude par aucun des hommes intelligents qui, de nos jours, sont restés fidèles au culte de la monarchie pure ? N'est-il pas vrai que le meilleur argument que ceux-ci invoquent à l'appui de leur thèse et de leurs regrets, consiste à dire que le respect de l'hérédité du Trône est la garantie la plus efficace contre les révolutions que les peuples opèrent presque toujours à leur détriment ? Ils n'ont pas tort ; et la preuve, c'est que tous les pouvoirs nouveaux s'approprient et proclament ce principe tutélaire. Mais, ainsi réduite, l'hérédité du Trône a changé de terrain : des régions du dogme, elle a passé dans celle de l'utilité (1).

Hors de là, la force du parti légitimiste n'est point dans la participation aux affaires, d'où semble jusqu'à présent l'exclure l'obligation du serment : elle n'est plus même, il faut le dire, dans ces relations qui autrefois unissaient d'une manière si intime la campagne au château. La charité sans doute ne s'est point retirée de ce parti ; mais, à d'honorables exceptions près,

(1) Dans ses *Etudes sur l'histoire du gouvernement représentatif*, M. de Carné indique fort bien l'attitude qu'auraient dû prendre les chambres de la Restauration. Il fallait, dit-il, « présenter la Royauté comme la sauvegarde des intérêts généraux, et la défendre *par ses effets plus que par son principe.* »

C'est en faisant le contraire que les exagérés de l'époque froissèrent l'opinion, donnèrent des armes à l'ennemi, et, d'hostilités en hostilités, conduisirent la monarchie au coup d'Etat où elle a péri.

combien de ses membres ont eu, depuis 1830, le tort de se désintéresser même de certaines choses où la politique n'était pour rien, de rester en dehors de tout, et de s'exposer à perdre ainsi cette légitime influence qu'on n'acquiert et qu'on ne conserve qu'en sachant, lorsqu'il le faut, se soumettre à ce qui gêne? On commence, il est vrai, à revenir de cet abandon systématique ; et nous pourrions, en matière d'industrie, d'agriculture ou d'élevage, donner des preuves du retour qui s'opère, si, parlant ici de partis, il nous était permis de citer des noms. Mais ce n'est point là non plus qu'est la force du parti légitimiste : celle qu'il ne puise point dans son principe, il la tire surtout de ce relief libéral que quelques-uns de ses chefs ont su donner à leurs discours ou à leurs écrits.

La liberté est donc, en fin de compte, le seul élément vital des trois partis qui, à tour de rôle, ont gouverné la France depuis le premier Empire. Nous venons de dire à tous trois par où ils pèchent et par où ils valent.

Et, en même temps que, désintéressés dans leur cause, nous indiquons ici ce qui fait leur faiblesse ou leur force, nous appelons sur ce même point l'attention sérieuse du Gouvernement. Si les partis peuvent quelque chose par la liberté et s'ils ne peuvent rien que par elle, c'est seulement par la liberté que le Gou-

vernement pourra, dans l'avenir, affermir sa base et
s'assimiler tous les partis, moins celui de la destruc-
tion. Au lendemain d'une crise, à la veille d'une autre
qui menace, la passion de l'ordre peut faire des mira-
cles ; elle peut momentanément unir dans un effort
commun des hommes qui se sont longtemps combat-
tus. Mais, en dehors de ces circonstances, qui, sous
l'impression de la peur, rapprochent des citoyens que
d'autres circonstances malheureuses avaient faits ennemis, la liberté est le seul intérêt assez général, c'est
la seule force assez puissante pour produire la cohé-
sion et surtout pour la maintenir. Il y a longtemps que
nous sentons cela ; tout le monde commence à s'en
apercevoir aujourd'hui. C'est si vrai que, des points
les plus opposés de l'horizon politique, c'est sur le
terrain de la liberté pure qu'en dehors et au-dessus
des questions de dynastie ou de formes gouvernemen-
tales, des hommes d'opinions les plus diverses se sont
enfin donné un cordial et pacifique rendez-vous. Qui
pourrait s'en plaindre ou simplement s'en inquiéter ?
Puisque la division est le mal dont souffre la France ;
puisque les organes du Gouvernement lui-même, malgré tous les soutiens dont celui-ci dispose, se plaignent
parfois avec tant d'amertume de l'isolement dans lequel on le laisse, de cet éparpillement de forces vives
qui font défaut et restent perdues pour tout le monde,

c'est apparemment faire une œuvre patriotique et méritoire que d'engager ces forces à se réunir et à prêter à la société toujours menacée l'appui dont on assure que celle-ci a besoin.

A ce propos, on a parlé de coalition. Etrange coalition vraiment, que celle où les coalisés disant tout haut ce qu'ils pensent, ce qu'ils regrettent, ce qu'ils espèrent, et pouvant le dire ouvertement, parce que chez eux tout cela est constitutionnel, ouvrent la porte à deux battants et invitent tout le monde à entrer, tout le monde, y compris le gouvernement lui-même. Plus que personne, n'a-t-il pas intérêt à prendre pied dans cette grande conspiration libérale, qui seule peut licencier les partis? On se coalise pour détruire; on se concilie quand on veut fonder : or, c'est à la conciliation que nous faisons franchement appel. La coalition se fait dans l'ombre; elle part de bas pour frapper haut; elle masque un but derrière un mot. Ici, nous opérons à ciel ouvert; nous demandons qu'on se réunisse dans une sphère supérieure aux questions secondaires qui nous divisent; nous disons franchement le but et le mot. Si le gouvernement éprouve aujourd'hui des difficultés sérieuses à établir un large régime de liberté, ce n'est assurément ni la faute de la liberté ni la nôtre. S'il a autour de lui des hommes que leurs antécédents semblent rendre impropres à l'inauguration d'un système nouveau, ce n'est pas d'eux qu'il doit prendre conseil en la circonstance. Qu'il consulte non leur vanité, mais ses propres intérêts. Les hommes passent ; les gouvernements sont faits pour durer.

La liberté est une si grande et forte chose, qu'aucun des partis qui, depuis trois quarts de siècle, ont monté chez nous à l'assaut du pouvoir, ne s'est cru, pour réussir, dispensé de se couvrir d'elle. On en a conclu que la liberté est d'essence révolutionnaire, et on l'a rendue responsable de tous les excès commis en son nom. C'est une souveraine injustice. Autant vaudrait soutenir que la vérité n'existe pas, parce qu'il y a dans le monde des menteurs ; ou que la vertu n'est qu'un mot, parce que les fripons eux-mêmes essaient de se faire passer pour vertueux.

Sous prétexte de servir la liberté, tous les partis se servent d'elle : tous disent qu'ils la veulent ; mais, quand c'est vrai, ils ne la veulent qu'en faisant passer bien avant elle leur forme de gouvernement préféré. Nous la voulons, nous, en premier lieu et pour elle-même, n'ayant jamais renoncé à croire qu'aux peuples qui sont dignes de la liberté et qui la possèdent, le reste est donné par surcroît. Dans l'ordre religieux ou moral, on peut dire que la vérité lui est supérieure ; dans l'ordre politique, dès que la tranquillité est acquise, nous ne reconnaissons rien qui la prime.

Le malheur c'est que chacun veut laisser au gouvernement le soin et même lui imposer le devoir de faire ce que nous devrions et ce que nous ne savons pas faire nous-mêmes. Le malheur plus grand c'est qu'il y a autour de nous trop peu d'hommes capables d'éprouver ce noble goût de la liberté que Dieu a mis seulement dans les grands cœurs, et qu'il faut, dit excellemment Tocqueville, « renoncer à faire comprendre aux âmes médiocres qui ne l'ont jamais ressenti. »

On a dit à une autre époque que la liberté ne se donne pas, qu'elle se prend. De nos jours, ce langage serait trop vif. Nous dirons donc, pour adoucir la forme et en même temps pour donner à notre pensée un tour plus vrai, que la liberté ne s'improvise pas, qu'elle se gagne. On se figure trop que, pour l'acquérir, la forme du gouvernement est tout. Nous ne prétendons pas qu'elle n'est rien; mais nous soutenons qu'elle est peu de chose quand la nation sait être quelque chose. Dans ce cas, il faut bien qu'à la longue, le gouvernement s'accommode à la nation, et cela peut de nos jours se faire d'autant moins révolutionnairement, que la Constitution de 1852 a prévu elle-même les modifications que le temps doit amener, et réservé au Chef de l'Etat le moyen de les introduire. Le nouvel

Empire vient de nous donner son premier acte addi-
tionnel. Dire que cet acte n'est rien est injuste; dire
qu'il est tout serait puéril. Le chemin parcouru ne
dispense pas du chemin à faire, et ce n'est point en
niant l'un, pas plus qu'en s'arrêtant, qu'on fait l'autre.
La vérité est que, revenus le 2 décembre 1851 au pôle
extrême de l'absolutisme vers lequel le vent des révolutions nous avait tristement poussés, nous voici en
route vers l'autre pôle. Pour que la nation y aille de
confiance, il faut que le gouvernement lui prouve que,
de son côté, il y va franchement et résolument. N'ayons
plus de ces oscillations qui font que les passagers se
demandent dans quelles eaux on navigue; prenons
garde aux courants qui, des premières circulaires de
M. de Persigny, pourraient nous ramener à quelques
mesures renouvelées du général Espinasse. La haute
mer a ses orages; mais le rivage aussi avait ses
écueils, et ce n'est point apparemment sans les avoir
entrevus et sentis que le pilote a pris le large.

L'Europe est évidemment à une époque de crise et
de transition. Le droit naturel ne varie pas plus, que la
loi révélée ne change pour ceux qui se soumettent à
elle et qui y croient. Il n'en est pas de même du droit
politique : celui-ci n'a rien d'immuable. Sans être encore
bien fixé, le droit politique de nos jours a cessé d'être
presque partout celui qui gouvernait les nations avant

1789 : c'est ce que constatent également les hommes qui glorifient outre mesure et ceux qui maudissent à tort cette époque mémorable, ceux qui affirment et ceux qui contestent encore qu'elle marque un progrès. On fait sans doute trop d'honneur à la révolution française quand on s'imagine que c'est d'elle que date la liberté du genre humain; mais on fait injure à l'humanité elle-même quand on nie les grands principes que nos pères ont proclamés.

Quoi qu'il en soit, et de quelqu'esprit divers que nous soyons tous animés, il suffit d'intelligence pour reconnaître et de bonne foi pour avouer que l'édifice ancien est en ruines, et que le nouveau est encore loin d'être construit. En attendant que l'avenir s'y abrite, le présent manque de quelque chose ; il est inquiet, tourmenté : le genre humain trouve déplaisant et malsain, qu'on nous passe l'expression, de coucher à la belle étoile ; et, dans l'attente de l'édifice qui s'élève, il se retourne parfois vers la ruine, où il espère trouver encore un gîte et un oreiller. Voilà au vrai l'état de l'Europe : par derrière nos torts, torts de peuples ou torts de princes, la cause supérieure de toutes nos agitations est là.

Quant à la France en particulier, quant à elle dont la destinée paraît être d'initier les peuples à tous les genres de liberté, comment se fait-il que la liberté subisse chez elle de si fréquentes éclipses, et, en certains jours, lui échappe si complétement? On se demande de qui c'est la faute, et on ne manque guère de dire que c'est celle des gouvernements sous lesquels nous vivons. Soyons justes et soyons sincères. C'est la faute de chacun de nous : si le pouvoir y participe, le peuple n'y est point étranger. Ce qui nous manque pour être libres, c'est d'abord de savoir comprendre, c'est d'aimer la liberté.

Nous avons tous assez de force, dit La Rochefoucauld, pour supporter les maux d'autrui. On peut dire avec non moins de raison : nous aimons tous assez la liberté pour n'être insensible qu'à celle d'autrui. Ce n'est point là être libéral. On ne mérite ce titre que lorsqu'on aime la liberté des autres à l'égal de la sienne propre, que lorsqu'on ressent comme un préjudice causé à soi-même l'atteinte portée au droit du voisin. Faisons tous notre examen de conscience, et demandons-nous, chacun en notre particulier, si nous en sommes vraiment là.....

Quand, au lieu de traiter légèrement les abus de pouvoir qui n'atteignent ni son parti ni sa caste ; quand, surtout, au lieu de se féliciter des rigueurs qui ne frappent que ses adversaires religieux ou politiques, chaque Français en sera venu à ressentir comme un dommage personnel le tort fait au droit d'autrui, ce jour-là la France aura ce que malheureusement elle n'a pas : elle aura les mœurs de la liberté. Ayant les mœurs, elle aura le bienfait, qu'il ne dépend d'aucun pouvoir de lui donner d'une manière stable ni de lui ravir absolument. Et la France étant alors unie, grande et heureuse sous n'importe quel gouvernement, nous nous désaccoutumerons peut-être d'une locution qui court le monde et qui est fausse. Au lieu de dire comme aujourd'hui de l'Angleterre ou de la Belgique , par exemple : cette nation est tranquille *quoique* libre, c'est *parce que* libre qu'on dira.